365 pépites de culture générale

Cette année, c'est vous qui brillez aux dîners

Christophe Cudennec

Le Code de la propriété intellectuelle interdit les copies ou reproductions destinées à une utilisation collective. Toute représentation ou reproduction intégrale ou partielle faite par quelque procédé que ce soit, sans le consentement de l'auteur ou de ses ayants droit ou ayants cause, est illicite et constitue une contrefaçon, aux termes des articles L.335-2 et suivants du Code de la propriété intellectuelle. En application de l'art. L.137-2.-I. du code de la propriété intellectuelle, toute reproduction et/ou divulgation de parties de l'œuvre dépassant le volume prévu par la loi est expressément interdite.

© Christophe Cudennec, 2024

Édition : BoD · Books on Demand GmbH, In de Tarpen 42,
22848 Norderstedt (Allemagne)
Impression : Libri Plureos GmbH, Friedensallee 273,
22763 Hamburg (Allemagne)

Dépôt légal : Novembre 2024
ISBN : 978-2-3224-7955-9

Site internet : www.onlyfacts.club

*Une forte envie d'apprendre doit rencontrer
une envie de transmettre votre savoir.*

Lao Tseu

*Il est plus beau d'éclairer que de briller seulement;
de même est-il plus beau de transmettre aux autres
ce qu'on a contemplé que de contempler seulement.*

Saint Thomas d'Aquin

SOMMAIRE

Avant-propos	7
Sous les expressions, l'Histoire	9
Drôle d'époque	15
Quand les mots voyagent	19
Inattendus d'antan	23
Un mot peut en cacher un autre	31
À boire et à manger	39
En avant la musique	45
Pop & art	49
Passez-moi l'expression	55
Cartes et territoires	61
À vos marques	69
Science et maux communs	73
Des racines et des mots	77
Grands noms, petits secrets	83
Clics et déclics	87
Va y avoir du sport	91
Bouquet final	93
À propos de l'auteur	99
Notes	101

AVANT-PROPOS

Il existe des instants réjouissants dans la vie d'un curieux. Ces moments où l'on découvre par hasard l'origine d'une expression familière, où l'on déniche un mot rare dans le dictionnaire, ou un fait historique resté dans l'ombre des grands événements et ignoré des manuels scolaires. Tel un chercheur d'or, je traque ces pépites de savoir, qui, une fois partagées, peuvent faire pétiller les conversations les plus banales.

C'est ce plaisir de la découverte et du partage qui m'a poussé à lancer le site et la newsletter OnlyFacts en janvier 2021. Le concept est simple : partager chaque semaine la dizaine d'anecdotes de culture générale que je ne connaissais pas la semaine d'avant. Quatre ans plus tard, ce recueil rassemble le meilleur de cette aventure.

Puisse cette sélection vous surprendre, vous faire briller encore plus en société, et peut-être raviver cette curiosité enfantine qui vous faisait demander pourquoi le ciel est bleu et l'herbe verte. Mais la vraie beauté du savoir ne réside pas tant dans son accumulation que dans le plaisir de le transmettre, autres instants tout aussi réjouissants quand les regards de vos interlocuteurs vont s'illuminer à leur tour.

SOUS LES EXPRESSIONS, L'HISTOIRE

L'expression "l'argent n'a pas d'odeur"[1] nous vient de l'Empereur Vespasien qui, soucieux d'assainir les finances de Rome, créa une taxe sur l'urine. Celle-ci était collectée dans les toilettes publiques puis stockée dans de grandes cuves à l'attention des teinturiers qui s'en servaient pour dégraisser les peaux, préparer les tissus avant de les teindre et blanchir le linge, grâce à l'ammoniaque contenu naturellement dans l'urine. Son fils Titus rapporta à son père le mécontentement croissant de la population romaine face à cette taxe. L'empereur lui tendit les pièces collectées avant de répondre "*Pecunia non olet*".

L'expression "tête de Turc"[2] vient d'une attraction de fête foraine populaire au 19ème siècle : il s'agissait d'un dynamomètre représentant une tête de Turc avec son turban sur lequel on pouvait frapper, avec son poing ou avec un marteau, et mesurer ainsi sa force.

L'expression "minute, papillon"[3] tire son origine d'un serveur parisien surnommé Papillon, qui travaillait dans un café fréquenté par les journalistes du Canard Enchaîné. Ce dernier, habitué à répondre "Minute!" aux clients pressés, s'est vu affublé du sobriquet "Minute, Papillon" par les rédacteurs, pour signifier "doucement, pas trop vite".

"Avoir un Jules" fait référence à l'épouse du comte Jules de Polignac, proche de Marie-Antoinette. Des courtisans les pensaient amantes et parlaient "du Jules de la reine" pour ne pas l'accuser d'homosexualité.

Le 18 juin 1429, pendant la guerre de Cent Ans, Charles VII, roi de France, bat les Anglais à plate couture à Patay, près d'Orléans. Cette victoire écrasante aurait donné naissance à l'expression "mettre la pâtée"[4].

L'auberge espagnole[5] trouve ses origines dans la mauvaise réputation faite par les voyageurs français aux auberges qui se trouvaient en Espagne sur la route de St Jacques-de-Compostelle au XVIIIe siècle. À cette époque, il était conseillé aux visiteurs d'apporter leur propre nourriture s'ils voulaient manger à leur faim et correctement. L'idée d'un lieu où l'on peut croiser et trouver des choses et des gens très différents est restée.

L'expression "à la queue leu leu"[6] date du Moyen Âge. Leu désigne en ancien français un loup et cette locution fait ainsi référence à ces animaux qui se déplaçaient souvent les uns derrière les autres, en file indienne. Cela a donné naissance à l'expression "à la queue du leu, un leu" qui a été progressivement simplifiée car il était courant à l'époque de supprimer les articles entre deux mots.

Dans l'expression "avoir voix au chapitre"[7], le chapitre est le nom de l'endroit où se réunissait les ecclésiastiques. On convoquait le chapitre pour discuter des affaires du monastère ou régler les questions de discipline. C'était l'occasion de réprimander publiquement le moine fautif, de le chapitrer. Les religieux n'étaient pas égaux et n'avaient pas les mêmes droits. Ainsi les moines d'extraction plus modeste n'avaient pas le droit de prendre la parole au sein de l'assemblée, ils n'avaient pas voix au chapitre.

A brûle-pourpoint[8] : Le pourpoint était un vêtement masculin couvrant le torse jusqu'à la ceinture. Les chevaliers portaient un pourpoint de cuir sous l'armure. Tirer à brûle-pourpoint consistait à tirer à bout portant, si près que la poudre brûlait l'habit de la victime.

Le "jus de chaussette" est une expression à prendre au premier degré. En effet, pendant la guerre franco-prusienne de 1870 et faute de filtre, les soldats écrasaient les grains de café avec leur crosse, les jetaient dans une marmite d'eau qu'ils filtraient ensuite avec une chaussette.

Une vie de patachon[9] : Au XIXe siècle on appelait patache un petit navire de guerre préposé à la surveillance des côtes. Plus tard, patache a désigné la barque du service des douanes, souvent en mauvais état, puis par comparaison une mauvaise diligence à deux roues dans laquelle on voyageait à peu de frais. Le patachon était le cocher de cette piteuse diligence qui avait la réputation de boire à chaque relais de poste.

L'expression "battre à plate couture"[10] vient du monde des tailleurs du XVe siècle qui devaient écraser, battre avec vigueur les coutures neuves et raides avec une latte afin de les aplatir et ainsi de les assouplir. Ainsi, l'on disait : "rabattre les coutures". Au sens figuré, la locution a fini par s'employer au sens de "vaincre complètement, battre définitivement".

Dans le milieu ecclésiastique, l'avocat du diable[11] était une personne chargée de trouver des arguments contre la canonisation d'un candidat. Son rôle était de rechercher les mauvaises actions que cette personne pouvait avoir commises, signes de l'influence du diable sur son comportement. La fonction d'avocat du diable a été abolie par Jean-Paul II.

Prendre son pied[12], dans le langage des voleurs du XIXe siècle signifiait obtenir sa part du butin, le pied étant une unité de mesure. Puis l'expression est passée dans le langage des prostituées et signifiait prendre sa part de plaisir.

Dans l'expression "faire la bamboula"[13], le mot bamboula est issu d'une langue de Guinée et désigne un tam-tam et la danse endiablée rythmée au son de cet instrument. L'argot des Poilus des tranchées va populariser l'expression "faire la bamboula", via leurs camarades d'armes, les tirailleurs sénégalais. "Faire la nouba" a également une origine musicale et militaire. La nouba est une musique militaire algérienne composée d'instruments traditionnels, fifres et tambourins.

L'expression "branle-bas de combat"[14] vient du branle, le nom des hamacs de l'entrepont, dans lesquels dormaient les marins. Ils étaient décrochés (mis bas) le matin au réveil ou avant les combats.

Dans l'expression "faire quelque chose au débotté"[15], le débotté renvoie à un petit cérémonial qui rythmait la vie quotidienne des monarques et des princes. Lorsque le roi rentrait de la chasse ou de promenade, des valets tiraient ses bottes devant les mêmes courtisans qui étaient autorisés à assister à son lever.

L'expression "ne pas être dans son assiette" tire son origine de l'équitation. Le mot assiette étant issu du verbe asseoir, on disait ainsi d'un cavalier mal installé sur sa selle qu'il n'était pas dans son assiette. Dans le langage courant, cette position désagréable a ensuite été employée dès le XVIe siècle pour parler d'une personne en petite forme.

L'origine de l'expression "passer une nuit blanche"[16] viendrait de la longue robe blanche que les chevaliers du Moyen Âge devaient revêtir la veille de leur adoubement. Il leur était interdit de dormir la nuit précédant la cérémonie afin de se consacrer uniquement à la prière.

L'expression "tomber dans le panneau" tient son origine du panneau qui désignait au XVe siècle un filet tendu sur le passage du gibier pour le capturer.

L'expression "ça tombe comme à Gravelotte"[17] vient de la bataille de Gravelotte qui opposa près de Metz en août 1870 la France à la Prusse. Elle fut particulièrement meurtrière (30 000 morts en 3 jours).

Lors du premier concours d'entrée en 1804 à Polytechnique, les candidats devaient imaginer la réponse du roi Laïus à son fils Œdipe. Enthousiasmés par ce sujet, les étudiants noircirent pages sur pages, de façon plus ou moins heureuse pour les correcteurs. De là, le mot laïus fut adopté pour décrire tout discours creux, long et ennuyeux.

L'expression "venir pour des prunes" remonte aux Croisades lors du siège de Damas en 1148. C'est un échec cuisant et les croisés ont juste le temps de récupérer quelques pieds de pruniers syriens avant de rentrer en France où on leur reprochera logiquement d'être partis pour des prunes. Les arbres seront plantés près de la Garonne et feront ainsi d'Agen la capitale des pruneaux.

DRÔLE D'ÉPOQUE

Le nombre de psychologues[1] a explosé, passant de 27 000 en 2008 à 66 000 en 2018. La part des Français ayant suivi une psychothérapie est passée de 5% en 2001 à 28% en 2013. D'une certaine manière le cabinet du psy a sans doute remplacé le confessionnal du prêtre, de moins en moins fréquenté.

Il y a plus de surfeurs en Suisse par rapport au nombre d'habitants que dans tous les autres pays du monde.

En 2018 24% des familles[2] avec enfants sont monoparentales contre 12% en 1990.

Selon une étude britannique[3], les danseurs-chorégraphes seraient en tête des professions qui divorcent le plus (43%) alors que le plus faible taux de divorce serait pour les ingénieurs agronomes (2%).

Plus de 14 000 Kevin[4] sont nés en France en 1992, année où ce prénom a connu son pic de popularité. On compte plus de 600 thèses rédigées récemment par des Kevin et plus d'une vingtaine sont entrés à Polytechnique.

Le gonflement des effectifs des grandes écoles a été plus spectaculaire dans les écoles de commerce que dans les écoles d'ingénieurs[5] : seulement 16 000 "épiciers" contre 40 000 ingénieurs inscrits en 1980 contre 175 000 épiciers et 159 000 ingénieurs inscrits en 2019.

En France en 2020, le nombre de cadres[6] a dépassé pour la première fois le nombre d'ouvriers, alors que ceux-ci étaient 4 fois plus nombreux que les cadres il y a 40 ans.

47% des 18-30 ans affirment que vivre à l'époque actuelle est une chance[7]. Ils étaient 83% à le penser en 1999.

Une cigarette sur trois dans le monde est fumée par un Chinois.

Quelques traditions étonnantes du nouvel an
• Les Espagnols qui réussissent à avaler 12 grains de raisin lorsque retentissent les 12 coups de minuit seraient assurés de passer une très bonne année.
• Au Mexique il est conseillé aux célibataires de porter pour le réveillon des sous-vêtements rouges car cela est censé leur faciliter la recherche de l'âme sœur. Les hypocondriaques leur préfèrent des sous-vêtements jaunes qui sont censés les protéger des maladies.
• Quant aux Danois, ils cassent des assiettes sur les bas de porte de leurs proches pour leur souhaiter une bonne année.

58% des Français déclarent croire à au moins une des disciplines de parascience[8], à savoir l'astrologie (41%), les lignes de la main (29%), la sorcellerie (28%), la voyance (26%), la numérologie (26%) et la cartomancie (23%). Chez les 18-35 ans, ils sont 66% à croire aux parasciences. Tout âge confondu, les femmes (63%) sont sensiblement plus croyantes que les hommes (52%).

Au Royaume-Uni, les petits garçons reçoivent 12 % de plus d'argent de poche[9] que les petites filles.

En 1980 70% des nouveau-nés étaient baptisés[10], 52% en 2000 et 27% en 2018. Dans les campagnes de l'Est de la France, la naissance est désormais le plus souvent suivi non pas d'un baptême mais du tatouage du prénom de l'enfant né sur la peau d'un parent (souvent de la mère).

La distance entre le berceau et le tombeau n'a cessé de s'accroître depuis une cinquantaine d'année[11]. Elle s'établissait en moyenne à 105 kilomètres pour les personnes décédées en 1972 contre 151 kilomètres pour les défunts de 2019 (environ un kilomètre de plus par an).

53% des salariés français souffrent de *poop shaming*[12], ce sentiment de gêne à l'idée d'utiliser les toilettes situées sur le lieu de travail

QUAND LES MOTS VOYAGENT

Oklahoma signifie peuple rouge en langue chacta.

Emoji est formé en japonais de *e* ("dessin") et *moji* ("lettre"). Karaoké vient quant à lui de *kara* ("vide") et de *oke* ("orchestre"), lui-même adapté de l'anglais *orchestra*.

L'équivalent en anglais de "c'est du chinois" est *"it's all Greek to me*[1]" (c'est du grec). La version allemande peut se traduire par "je ne comprends que les noms de gare" et la bulgare par "c'est du patagonien"

L'expression "échec et mat" viendrait de l'arabe *as-sah mat* (le roi est mort).

Avoir le seum vient du mot arabe *sèmm*, qui signifie venin.

Le Y est grec car le latin est allé l'emprunter à l'alphabet grec pour représenter un son, le "u", dont il ne disposait pas. Ce que nous nommons "i-grec" s'appelle *upsilon* dans l'alphabet grec.

Feng shui signifie le vent et l'eau en chinois.

En Afrique francophone, "avoir un deuxième bureau" signifie avoir une maîtresse.

Un harmonica est parfois appelé *ruine-babines* au Québec.

Hakuna Matata signifie "y'a pas de problème" en swahili.

Le *Jolly Roger* est le nom du célèbre drapeau pirate noir orné d'une tête de mort surmontant deux tibias entrecroisés.

Oxbow, marque de surfware française, signifie bras mort d'un fleuve en anglais.

En Russie, les montagnes russes s'appellent paradoxalement montagnes américaines ("*amerikanskie gorki*").

Mayday est la déformation de "venez m'aider", mots qui avaient été prononcé dans les années 1920 par un aviateur français en difficulté qui volait vers l'Angleterre et qui avaient été entendu — sans être compris — par un opérateur britannique.

Tic de langage made in France : les Québécois ont baptisé les Français installés dans la Belle Province les *"Du coup"*.

En Japonais, le chien ne fait pas wouaf-wouaf mais *wan-wan* ワンワン et le chat fait *nya-nya* ニャニャ.

Aloha[2], le bonjour hawaïen, signifie "toi et moi partageons un même souffle" car la salutation s'accompagne d'une étreinte visage contre visage. Collées l'une à l'autre, les deux personnes entament alors ensemble une grande et même respiration pour se rappeler leur humanité commune.

Le mot charlatan est un emprunt à l'italien *ciarlatano* qui lui-même croise le verbe *ciarlare* (bavarder, jaser) et le nom *cerretano* désignant un habitant de Cerreto. Ce petit village d'Ombrie était réputé pour ses dealers de drogues.

INATTENDUS D'ANTAN

Le premier communiqué de presse de l'histoire a été envoyé en 1906 pour une société minière américaine confrontée à une grève. Ce communiqué, rédigé et mis en page comme un article de presse, sera ensuite repris par tous les journaux. Une vraie évolution car jusqu'alors les entreprises ne communiquaient auprès du public qu'à travers la réclame.

En 1893 la Nouvelle-Zélande devint le premier pays à donner le droit de vote aux femmes.

La Maison-Blanche à Washington DC était à l'origine grise. Elle fut repeinte en blanc pour couvrir les tâches de fumée après avoir été incendiée pendant la guerre de 1812.

Ce qui différencie les samouraïs des ninjas c'est que les premiers étaient des combattants en armure animés par un code d'honneur strict (le bushido) et souvent dévoués à un clan ou un seigneur, tandis que les ninjas étaient des mercenaires entraînés pour effectuer les sales besognes, comme des assassinats, des vols ou des missions d'espionnage.

Quelques exemples de petits métiers de la débrouille[1] dans le Paris du XIXe siècle :
• Le cueilleur d'orphelins qui ramasse les mégots des cigares et cigarettes pour récupérer le tabac, le hacher et le revendre à bas prix
• Le réveilleur qui hurle sous les fenêtres de ses clients pour les tirer du lit chaque matin
• Le marchand de feu qui se promène muni d'une torche et allume cigares et cigarettes contre une petite piécette
• Le moucheur d'invalides sans bras

Le nom de naissance de Geronimo ("l'astucieux") est *Go Khla Yeh* ("celui qui bâille")

Dracon était un législateur athénien de la fin du VIIè s. avt J.-C. qui fut chargé de rédiger un code de lois qui éviterait la révolte du peuple contre la noblesse. Ce code est resté célèbre par la rigueur des pénalités et le nom de son rédacteur a donné l'adjectif draconien.

L'escalier des Gémonies était un escalier sur le flanc du Capitole romain où les corps des suppliciés étaient exposés publiquement avant d'être jetés dans le Tibre.

Le pape pouvait être vêtu de n'importe quelle couleur[2] jusqu'à saint Pie V (1566-1572), un dominicain qui décida de conserver l'habit de son ordre. C'est de là que vient la tradition de la soutane blanche que ses successeurs ont conservé jusqu'à nos jours.

Le cocktail Molotov tient son nom du dirigeant soviétique Viatcheslav Molotov (1890-1986), qui fut considéré comme le bras droit de Staline. Molotov est en fait un pseudonyme (du russe *molot* qui signifie marteau) qu'il s'est donné lorsqu'il a rejoint en 1906 un parti politique qui deviendra par la suite le parti communiste d'URSS.

Dans la Rome antique on disait d'un ignorant qu'il ne savait ni lire ni nager.

Toussaint Louverture, à l'origine Toussaint de Bréda, doit son nom à sa capacité qu'il avait à ouvrir des brèches dans les rangs de l'ennemi.

Un décret officiel du 27 mars 1858 qui introduisit dans le paquetage des matelots de la marine nationale la fameuse marinière précise que celle-ci doit compter 21 rayures blanches, chacune deux fois plus larges que les 20 à 21 rayures bleu indigo.

La cible initiale de *Fat Man*[3], la bombe atomique qui fut larguée le 9 août 1945 sur Nagasaki, était la ville de Kokura. Néanmoins, à cause d'un bombardement le matin même sur la zone voisine de Yahata qui a couvert la ville de fumée, le bombardier a dû se reporter sur la cible secondaire, Nagasaki.

Le panama, couvre-chef popularisé en 1906 lors d'une visite du président Theodore Roosevelt sur le chantier de construction du canal de Panama, est à l'origine de confection équatorienne et non panaméenne.

Adolescent, le jeune Henri IV, qui sera ensuite surnommé le Vert-Galant[4] pour ses nombreuses conquêtes féminines, était tombé amoureux de la fille d'un de ses jardiniers. Celle-ci était surnommée Fleurette et c'est de là que viendrait l'expression conter fleurette qui a été ensuite reprise et transformée par les anglais en *"to flirt"*.

La république d'Irlande a choisi la neutralité pendant la seconde guerre mondiale, malgré les appels répétés de Churchill à soutenir le Royaume-Uni dans sa lutte contre l'Allemagne nazie. Londres a même proposé la fin de la partition de l'île en échange, mais le premier ministre irlandais Eamon de Valera a décliné l'offre.

Un prunier Reine-Claude a été introduit en France par un des ambassadeurs de François Ier de la part de Soliman Le Magnifique. François Ier a nommé le fruit en l'honneur de sa première épouse, Claude de France, duchesse de Bretagne et fille du roi Louis XII et d'Anne de Bretagne.

Jusqu'au début de la Vème République, il était possible de demander au Président de la République d'être le parrain de son enfant[5], mais seulement à partir du 14ème enfant. Cette tradition qui n'est plus d'usage aujourd'hui avait pour but d'encourager la natalité.

Plusieurs grandes villes américaines ont appliqué des *Ugly Laws*[6] qui interdisaient aux estropiés de sortir en public de 1867 jusqu'en 1974.

Les platanes au bord des routes sont un héritage de Napoléon qui souhaitait protéger ses soldats de la chaleur et du soleil et éviter ainsi qu'ils n'arrivent exténués sur les champs de bataille.

Attila, le roi des Huns, est mort durant son sommeil lors de sa nuit de noces.

Si le mois de février ne compte que 28 jours, c'est parce qu'un jour supplémentaire a été ajouté de façon permanente par les Romains aux mois de juillet et août pour rendre hommage respectivement à Jules César et à l'empereur Auguste.

Les boules de Noël[7] utilisées pour décorer le sapin existent depuis le milieu du XIXe siècle. Auparavant, il était d'usage d'accrocher des pommes et des friandises sur le sapin mais en 1858 une grande sécheresse a privé l'Est de la France (où la tradition du sapin de Noël était alors la plus suivie) de ces fruits. Un artisan verrier de Moselle a donc eu l'idée de fabriquer des boules en verre pour remplacer les pommes. Richement décorées, ces boules de Noël se sont ensuite répandues progressivement en France et Allemagne, puis dans le reste du monde.

Les dents du bonheur[8] ont une lointaine origine napoléonienne. La Grande Armée déclarait inapte au combat toute personne dont les deux dents de devant étaient écartées. En effet un soldat devait couper avec ses incisives l'emballage en papier des cartouches de poudre, exercice extrêmement difficile pour ceux qui avaient un écart conséquent entre les dents.

Au Moyen Âge existait un instrument de torture pour punir les mauvais musiciens : la flûte de la honte[9]. Les doigts étaient attachés aux touches, ce qui les empêchait de bouger et les broyait même.

Initialement la tour Eiffel, clou de l'Exposition universelle de 1889, aurait dû être démantelée 20 ans plus tard en 1909. Auguste Eiffel a réussi à la sauver de la démolition en la mettant à la disposition de l'armée pour y placer une antenne TSF (télégraphie sans fil) afin d'être en liaison avec les places fortes de l'Est. La concession fut alors prolongée jusqu'en 1915 puis la Première Guerre mondiale sauvera définitivement la tour[10] grâce au rôle clé joué par les télégraphistes durant le conflit.

Sur les 86 batailles que Napoléon a livrées en personne, il en a remporté 77, soit un taux de victoire[11] de 90%

La coutume de la pose de la première pierre remonte au Xème siècle. A l'époque la cérémonie avait principalement lieu lors de la construction d'édifices religieux. A cette occasion, un parchemin était glissé dans un tube en verre qui était ensuite scellé dans une stèle de granit. On s'assurait ainsi de transmettre les éléments relatifs à l'édification du bâtiment aux générations futures.

Augusto Pinochet était le descendant d'une famille bretonne originaire de Lamballe et arrivée au Chili au XVIIIè siècle.

L'obole est une unité de monnaie de la Grèce antique qui valait le sixième de la drachme.

La première douche[12] au monde a été installée en France en 1873, et plus précisément à Rouen par le Docteur Merry Delabost, médecin en chef de la prison de la ville afin d'y améliorer les conditions sanitaires qui était alors un véritable mouroir.

L'Édit de Roussillon promulgué par Charles IX en 1564 a fait commencer l'année le 1er janvier partout en France. Jusqu'alors les années ne commençaient pas partout à la même date, ce qui était source de confusions. Le pape Grégoire XIII généralisa en 1582 cette mesure à l'ensemble du monde catholique en même temps que le calendrier grégorien.

Le pantalon *chino*[13] fait son apparition pendant la guerre hispano-américaine de 1898. Les soldats stationnés aux Philippines ont donc ramené avec eux un pantalon en coton qui sera ensuite généralisé à tous les corps de l'armée. Comme ce pantalon était importé de Chine et vendu par les Chinois, on suppose que le mot *chino* vient de là

UN MOT PEUT EN CACHER UN AUTRE

Le lieutenant est un officier dont le grade est immédiatement inférieur à celui de capitaine. C'est son adjoint direct qui peut donc le remplacer, d'où l'origine du mot lieutenant qui signifie littéralement tenant lieu de.

Aloe vera est dérivé du mot arabe *alloeh* qui signifie substance amère et brillante, alors que vera est le mot latin pour dire "vrai".

Le mot vacarme vient du vieux néerlandais *wacharme* qui signifie "hélas, pauvre de moi"

Le mot chandail vient de "marchand d'ail" en référence aux maraichers bretons qui portaient en hiver de gros pulls tricotés par leurs femmes lorsqu'ils vendaient leurs cargaisons aux Halles de Paris au XIXème siècle. Ces pulls ont par la suite été dénommés chandails par métonymie.

Le nom glamour[1] vient de l'écossais *gramarye* qui veut dire magie, lui-même altération de l'anglais *grammar*. Les mots glamour et grammaire ont donc la même origine, ainsi qu'un autre mot : grimoire. Au Moyen Âge, la gramaire (avec un seul m) était l'étude du latin. Réservée aux savants et aux lettrés, elle n'était pas accessible au commun des mortels. Pour désigner un livre tout aussi obscur, celui des magiciens, le langage populaire a déformé gramaire en grimoire

Le mot virgule vient du latin *virgula* qui signifie petite verge

Le mot gadget[2] vient de l'entreprise Gaget-Gauthier qui avait la charge de couvrir la Statue de la Liberté de feuilles de cuivre. Or pour financer ce projet, l'entreprise crée des miniatures de la Statue de la Liberté qui feront fureur aux Etats-Unis. L'inscription Gaget sur le socle des petits objets devient Gadget prononcée à l'américaine.

Une mascarade (mot dérivé de masque) est au sens premier une réunion ou défilé de personnes déguisées et masquées.

Dreadlocks signifie littéralement "mèches de la peur".

Gélule est un mot-valise formé de gélatine et capsule.

Scroller[3] vient de l'anglais *to scroll*, qui remonte lui-même de l'ancien français role ("rouleau de parchemin"). Scroller revient donc quelque part à dérouler un parchemin virtuel.

La panade est une soupe faite de pain, d'eau et de beurre.

Le verbe turlupiner[4] vient de Turlupin, personnage farceur et fourbe créé par le comédien Henri Legrand au début du XVIIe siècle, ancêtre du personnage de Scapin de Molière.

Un bachi-bouzouk était un soldat irrégulier (enrôlé le temps d'une campagne) de l'armée ottomane. Le mot vient d'un nom turc qui signifie littéralement mauvaise tête.

Le mot fisc vient du latin *fiscus*, une corbeille d'osier qui recueillait les deniers versés par les contribuables romains.

Une aubade se déroule à l'aube tandis qu'une sérénade (*sera*, "soir" en italien) a lieu le soir.

Un avatar désigne à l'origine chacune des incarnations de Vishnou dans la religion hindoue.

Le mot scrupule[5] est emprunté du latin *scrupulus*, un diminutif de *scrupus*, désignant une pierre pointue. Le *scrupulus* était donc une petite pierre qui, glissée dans une sandale d'un légionnaire par exemple, gênait la marche de ce dernier.

Le mot canicule[6] vient du latin *canicula* qui signifie petite chienne. Avant de s'appeler Sirius, Canicula était aussi le nom de l'étoile la plus brillante de la constellation du Grand Chien, et a la particularité de se lever en même temps que le soleil vers le 19 juillet, et donc durant la période la plus chaude de l'année.

L'injure "vieux schnock" viendrait d'une chanson alsacienne "*Hans im Schnokeloch*" (littéralement "Hans dans le coin à moustiques"). Ce personnage folklorique, apparu au XIXe siècle, incarne l'Alsacien comblé mais jamais satisfait de son sort. Le schnock[7] s'est mis ensuite à désigner un éternel râleur.

Les mots électricité et électron viennent du grec *êlektros* qui signifie ambre, en référence à des expériences de savants grecs qui frottaient des bâtons d'ambre pour faire apparaître des étincelles bleuâtres.

Le mot punch vient de l'hindi *panch* qui signifie cinq, et ce à cause des cinq composantes de la boisson.

Le mot tarmac est la combinaison de *tar* (goudron) et *macadam*, du nom de John Loudon McAdam (1756-1836) qui a mis au point ce type de revêtement.

Le mot sinistre vient du latin *sinister* ("qui est/vient de la gauche"), ce côté étant annonciateur de malheurs selon des croyances antiques.

Caoutchouc signifie "bois qui pleure" dans un dialecte indien d'Amazonie.

Le carnaval vient du mot latin *carnelevare* (carne = viande et levare = enlever). Il désigne donc littéralement l'entrée en carême.

Le mot cravate serait un dérivé de croate. Lors de la Guerre de Trente Ans, Louis XIII demande le soutien de l'armée croate. Leurs soldats portent une bande de tissu colorée autour du cou. Cet accessoire est aussitôt adopté par les militaires français, sous la forme d'une bande de tissu blanche, en coton ou en lin. Plus agréable que le col rigide de l'uniforme français de l'époque, la cravate permet également de protéger chemise et boutons.

La ganja, un autre nom du cannabis, vient du sanskrit *gañjā* qui signifie "chanvre".

Le pouf était à l'origine une coiffure popularisée par Marie-Antoinette et ses courtisanes avant de désigner une femme vulgaire.

Le mot sieste vient de l'espagnol *siesta*, et celui-ci du latin *sexta*, en référence à la sixième heure du jour, midi, suivant le décompte des heures canoniales.

Le mot anglais *faggot*, très péjoratif pour désigner les homosexuels, vient du mot français fagot, ces brindilles de bois qui étaient rassemblés pour allumer le bûcher sur lequel ce que l'on appelait alors les sodomites étaient brûlés vifs.

Boulevard vient du néerlandais *bolwerc* (rempart, bastion) et désignait des avant-postes fortifiés qui entouraient une ville au Moyen Âge. L'avenue va quant à elle droit au but. Issue de l'ancien français *avenir* (arriver), c'est une voie rectiligne par laquelle on arrive quelque part (avenue de l'opéra par exemple).

Le terme *hooligan* est mentionné pour la première fois dans les rapports de la police londonienne en 1898. Il est ensuite repris dans les colonnes du journal *Daily News*, qui relate les méfaits d'un gang de hooligans. Le terme ferait alors référence à un ivrogne irlandais notoire, Patrick Hooligan, qui vivait à Londres et était régulièrement impliqué dans des bagarres.

À BOIRE ET À MANGER

Starbucks tire son nom d'un des personnages du roman *Moby Dick* de Herman Melville. Starbuck est un membre de l'équipage, le seul à s'opposer courageusement à la lubie monomaniaque du Capitaine Achab de capturer la baleine blanche.

La tartiflette n'a rien de traditionnel. Elle aurait été inventée dans les années 80 par des producteurs de reblochon de Savoie (*tartiflâ* signifie pomme de terre en savoyard).

Toblerone est la contraction du nom du chocolatier suisse Theodor Tobler et du mot italien *torrone*, qui signifie nougat.

A l'origine des viennoiseries[1], on trouve un ancien officier autrichien, August Zang, qui ouvre vers 1840 la Boulangerie Viennoise rue Richelieu à Paris. Le tout-Paris s'arrache ses *Kipferls*, ancêtres du croissant, et le *Kaisersemmel*, qui deviendra le pain viennois. Ce succès fait rapidement des émules à travers le pays et de nombreuses boulangeries viennoises ouvrent leurs portes, popularisant ainsi les viennoiseries.

Le lait d'amande[2] qui représente les deux tiers de la consommation de laits végétaux en France est composé à peine de 2 à 8% d'amandes broyées et mélangées à beaucoup d'eau et du sucre. Deux tiers de ces amandes sont produits en Californie de façon ultra intensive avec des dégâts environnementaux considérables.

Le *Baileys Irish Cream* a été inventée en 1973 par deux publicitaires de Soho.

Le Daïquiri, célèbre cocktail à base de rhum, tient son nom du village éponyme situé non loin de Santiago de Cuba.

La plupart des olives noires[3] vendues en supermarché seraient des olives vertes auxquelles on ajoute du gluconate ferreux pour les noircir. S'il est écrit "olives noires confites" sur l'étiquette, il s'agit donc en réalité d'olives vertes transformées.

La recette du Petit-Suisse[4] a été inventée vers 1850 par un employé vaudois travaillant dans une fromagerie normande. Sa propriétaire s'associe en 1852 à l'industriel Charles Gervais pour lancer ce qui deviendra le célèbre fromage frais.

Le Picon a été inventé en 1837 par Gaétan Picon, militaire en Algérie qui concocte un apéritif amer, fait à partir de racines de gentiane, de quinquina et de zestes d'orange.

75% des Anglais boivent au moins une tasse de thé[5] quotidiennement et 13% en boivent au moins 6 fois par jour. Néanmoins, le Royaume-Uni ne se classe désormais plus qu'en troisième place des plus gros consommateurs de thé derrière la Turquie et l'Irlande.

Vittel a été la première marque au monde à lancer sur le marché en 1968 une eau vendue dans un emballage en plastique.

Le Spritz[6], célèbre cocktail d'origine vénitienne, doit son nom à l'allemand *spritzen* qui signifie asperger/arroser. Au 19ème siècle une partie de la Vénétie était contrôlée par l'empire austro-hongrois et les soldats autrichiens étaient rebutés par le taux d'alcool élevé des vins de la région, plus élevé que les bières et vins légers auxquels ils étaient habitués. Naît alors la tradition d'allonger le vin avec un "splash" d'eau. C'est de ce geste, *spritzen* en allemand, qu'est né le Spritz des soldats qui se composait alors de vin blanc et d'eau gazeuse.

La marque française Hollywood Chewing-gum a été créée en 1952 par Courtland Parrett, un ancien GI ayant participé au débarquement de Normandie.

Les *fake news* et la désinformation ne datent pas d'hier. Durant la Première Guerre mondiale, de folles rumeurs[7] ont couru et faisaient passer les bouillons Kub comme des outils d'espionnage à la solde des Allemands.

Emmental signifie la vallée (Tal en allemand) de l'Emme, région à l'Est du canton de Berne.

Le reblochon vient de *re-blocher*, mot savoyard qui signifie "traire une deuxième fois".

La ricotta tient son nom de son procédé de fabrication : le petit lait est cuit une première fois puis recuit (*ri-cotta* en italien) avant que le caillé soit égoutté.

La marque de restauration rapide Cojean doit son nom à son fondateur Alain Cojean.

Pepsi[8] tient son nom de dyspepsie, un terme médical qui désigne une forme de douleur d'estomac.

Le chef italien Cipriani qui a inventé le carpaccio en 1950 s'est souvenu quand il a dû donner un nom à sa recette qu'à quelques rues de son restaurant se tenait une exposition du peintre Vittore Carpaccio. Celui-ci était connu pour l'emploi d'un rouge très vif dans beaucoup de ses tableaux et le chef Cipriani trouva que son plat, lui aussi d'un rouge vif, ressemblait beaucoup à un tableau qui aurait pu être peint par Vittore Carpaccio.

Le célèbre personnage moustachu qui figure sur le logo Pringles s'appelle Julius.

Romarin viendrait du latin *ros marinus* (rosée de mer)

La célèbre HP Sauce doit son nom aux *Houses of Parliament* de Londres.

En 1904 un marchand de thé new-yorkais[9] envoya à ses clients des échantillons dans un petit sac de soie. Ses clients infusèrent les sacs dans leur tasse, inventant accidentellement le sachet de thé.

Tchin-tchin pourrait être la salutation en pidgin cantonais *tsing-tsing* qui pourrait avoir été empruntée lors de la révolte des Boxers de 1900.

L'expression "être un cordon bleu"[10] renvoie à une distinction accordée aux membres de l'ordre du Saint-Esprit fondé par Henri III en 1578 qui portaient une croix de Malte accrochée à un ruban bleu. La médaille et l'appellation ont été abolies au moment de la Révolution puis remplacées par la Légion d'honneur en 1802 mais l'expression a perduré.

Le mot midinette est un mot valise formé de *midi* et *dinette*, qui signifie littéralement "qui fait une dinette à midi", un petit repas donc. À l'origine, une midinette était à la fin du 19ème siècle une jeune ouvrière ou vendeuse parisienne de la couture, de la mode qui apportait sa "lunch box" sur son lieu de travail

EN AVANT LA MUSIQUE

Le nom du groupe *Iron Maiden*[1] vient de la vierge de fer, un instrument de torture médiéval ayant la forme d'un sarcophage garni en plusieurs endroits de longues pointes métalliques qui transpercent lentement la victime placée à l'intérieur lorsque son couvercle se referme.

Le nom du groupe *Midnight Oil* vient de l'expression *"to burn the midnight oil"* utilisée pour signifier qu'une personne travaille tard, en référence aux lampes à huile.

120 000 nouvelles chansons[2] sont uploadées chaque jour en moyenne sur Spotify.

David Robert Jones, plus connu sous le nom de David Bowie, a choisi son pseudonyme en référence au Colonel James Bowie, pionnier et soldat américain, figure de la révolution texane et tué lors de la bataille de Fort Alamo en 1836.

La première édition du concours de l'Eurovision s'est tenue en 1956 en Suisse à Lugano et c'est d'ailleurs le pays hôte qui remporta cette édition.

John Lennon a sorti en juin 1972 le titre *Sunday Bloody Sunday*[3], quelques mois après les évènements sanglants de Derry qui inspireront également U2 une dizaine d'années plus tard.

Il existe un groupe qui s'appelle *Francky Goes to Pointe-à-Pitre* (environ 300 auditeurs par mois sur Spotify).

Dans les années 60, Johnny Hallyday a été interdit de concert par les autorités de Ouagadougou, capitale du Burkina Faso, à cause de sa chanson *Noir c'est noir*[4], accusée d'être raciste.

Le titre *Highway to Hell* d'AC/DC doit son nom à la *Canning Highway* qui relie Perth à Fremantle. Une portion de cette autoroute qui passait à côté d'un bar où le chanteur avait ses habitudes, était particulièrement accidentogène et meurtrier.

C'est Boris Vian qui a utilisé le premier le mot tube pour désigner une chanson à succès. Les gens du métier employaient jusqu'alors le mot saucisson pour désigner un succès de variété mais alors qu'il était directeur artistique chez Philips en 1957, Vian aurait commencé à lui substituer le mot tube, en allusion aux paroles qu'il considérait être creuses comme un tube.

POP & ART

Sans le savoir, Hergé a emprunté le nom du capitaine Haddock à Herbert Haddock[1], premier commandant du *Titanic* et de son navire jumeau, l'*Olympic*. Les exploits de ce vaillant marin durant la Première Guerre mondiale lui valurent même le surnom de "Nelson de la marine marchande britannique".

Le Sirtaki, loin d'être une danse traditionnelle immémoriale, a été inventée pour les besoins du film *Zorba Le Grec* sorti en 1964.

Le nom d'Obélix est une référence à l'obèle, ce signe typographique en forme de dague simple † qui peut être utilisé comme appel de note en complément de l'astérisque.

La cigarette reste omniprésente dans le cinéma français[2] : entre 2015 et 2019, 91% des films français comportaient au moins un événement, un objet ou un discours en rapport avec le tabac (personnages en train de fumer, présence de cendriers et cigarettes) alors que seulement 24% des Français fument tous les jours.

En 1984, l'ingénieur informatique russe Alekseï Pajitnov conçoit un jeu inspiré des pentaminos, un puzzle de son enfance, et choisit comme nom *Tetris*[3], contraction de *tetra* (le chiffre quatre en grec), et tennis, son sport préféré.

Dans la première édition originale du Monopoly sortie en 1936, ce sont les rues de la ville d'Atlantic City qui étaient utilisées.

"Vous pouvez tromper quelques personnes tout le temps. Vous pouvez tromper tout le monde un certain temps. Mais vous ne pouvez tromper tout le monde tout le temps". Cette citation n'est pas d'Émile du festival *Moutarde et Cinéma* de Dijon, mais d'Abraham Lincoln.

La poupée Barbie, lancée par Mattel en 1959, tient son nom de Barbara, la fille d'Elliot Handler, fondateur de l'entreprise avec Harold Matson. D'ailleurs le nom Mattel est formé de Matt, surnom de Harold Matson, et du « El » de Elliot. Quant à Ken, c'était le prénom du petit frère de Barbara, Kenneth Robert Handler.

Bob Sinclar est le nom du personnage joué par Jean Paul Belmondo dans le film *Le Magnifique*.

En 1712, le *Stamp Act*[4], loi anglaise de taxation sur la presse conçue pour enrayer la prolifération des journaux a eu un effet collatéral inattendu : comme cette imposition était calculée sur le nombre de pages du journal, plusieurs périodiques anglais passèrent en très grand format, inventant le *broadsheet*. En 1896, Lord Northcliffe lance le *Daily Mail* sur la moitié d'un format *broadsheet* et invente le *tabloïd*, nom donné d'après un médicament en comprimés (*tablet* = cachet en anglais) qui proposait un effet condensé.

Dans *Les Simpsons*, chaque plan où l'on voit la centrale nucléaire de Springfield est accompagné d'un croassement de corbeau.

Dans le générique des *Simpsons*, quand Maggie passe à la caisse, le prix de 847,63$ qui s'affiche correspond au budget mensuel pour un bébé en 1989 aux US.

A partir de 1986, la majorité des films[5] totalisant plus d'un million d'entrée dans l'année sont systématiquement américains, ils étaient français jusqu'alors.

Popeye vient de *pop-eyed*, qui signifie ébahi, aux yeux écarquillés en anglais.

James Bond[6] est un ornithologue américain mort en 1990 qui a inspiré Ian Fleming lorsque celui-ci cherchait des idées pour le nom de son célèbre personnage d'agent secret. L'idée lui est venue lorsqu'il lisait l'ouvrage *Birds of the West Indies* écrit par cet ornithologue.

En lisant les 12 romans et 9 nouvelles de Ian Fleming consacrés à l'agent secret 007, on y apprend que c'est à 11 ans que le jeune James Bond perd ses parents dans un accident d'alpinisme. Son père était écossais et sa mère, Monique Delacroix-Bond, suissesse originaire du canton de Vaud. Les références à la Suisse sont probablement dues au fait que Ian Fleming a étudié à l'Université de Genève et a eu à l'époque une romance avec une Vaudoise.

Milou était le surnom du premier amour d'Hergé, une certaine Marie-Louise van Cutsem dont les parents ont cassé la relation avec le créateur de Tintin, qui n'était alors qu'un coursier au journal *Le Soir*. C'est pour se venger et pour immortaliser cet amour brisé que Hergé a baptisé le chien de Tintin Milou.

C'est Tom Selleck, star de la série *Magnum*, qui fut d'abord pressenti pour incarner à l'écran Indiana Jones. N'étant pas disponible, le rôle fut finalement confié à Harrison Ford. Quant au choix du prénom Indiana, c'était le nom du chien de George Lucas, le créateur et scénariste de la saga.

Disneyland Paris a été visité au moins une fois[7] dans leur vie par 60% des Français. Un Français sur deux est déjà allé au Futuroscope, 40% au Parc Astérix et près d'un sur quatre au Puy du Fou.

Freddy Krueger tient son nom d'un camarade de classe dont Wes Craven fut le souffre-douleur lorsqu'il était plus jeune.

Idéfix, le chien d'Obélix, s'appelle Dogmatix dans la version anglaise.

Mark Twain a été le premier écrivain[8] à écrire un roman (Les aventures de Tom Sawyer) sur une machine à écrire, une Remington n°2.

Le jeu Pac-Man s'appelle ainsi en référence à l'expression japonaise *paku paku* qui signifie miam miam.
Mario est apparu la première fois dans le jeu *Donkey Kong* et s'appelait à l'origine Jumpman[9]. Mais alors que l'équipe de Nintendo America se creusait la tête à la recherche d'un

nom plus accrocheur, le propriétaire des bureaux a déboulé furieux pour réclamer les nombreux loyers en retard, la filiale américaine ayant alors de sérieux problèmes de trésorerie. Le nom de cet homme était Mario Segale. Luigi tient son nom d'une pizzeria située près de ces mêmes locaux et nommée "*Mario&Luigi's*".

PASSEZ-MOI L'EXPRESSION

Dans l'expression "avoir du bol"[1], bol est une métaphore euphémique de cul. L'équivalence se retrouve dans "ras le bol" et "ras le cul".

C'est à Saint-Simon que l'on doit l'expression "rire jaune"[2] qui fait référence aux hépatiques. En raison des désagréments de leur maladie, ces derniers tentaient de faire bonne figure alors qu'ils étaient plutôt pales et riaient alors de façon forcée, avec leur teint cireux, donc ils riaient jaune. A noter que les italiens disent "rire vert" tandis que les néerlandais disent "rire comme un fermier qui a mal aux dents".

Être sur le qui-vive[3] : employé dans un contexte militaire, "qui vive?" était le cri par lequel la sentinelle ou une patrouille, alertée par un bruit suspect, sommait l'inconnu de se faire connaître. Cette interjection est devenue un nom masculin, le qui-vive, pour désigner un état de vigilance.

L'expression "avoir la foi du charbonnier" vient d'un conte du XVIIe siècle mettant en scène un charbonnier qui a montré une foi inébranlable en Dieu lors d'un interrogatoire particulièrement pénible avec le diable.

L'expression "être au bout du rouleau"[4] vient du mot rollet qui désignait au théâtre un petit bâton autour duquel était enroulé le texte des comédiens. Au XVIIème naît alors "être au bout de son rollet" qui signifiait être à court d'arguments pour défendre son propos. Ce n'est qu'au XIXème que rouleau apparaît et que la phrase prend son sens actuel.

Entrer en lice[5] : le mot lice désigne au XIIe siècle une palissade entourant un château puis ensuite le champ clos où s'organisent les tournois et les joutes. A la Renaissance, le mot s'étend à l'espace délimité par des barrières réservé aux courses de chevaux et aux compétitions.

Origine de l'expression "faire la manche"[6] : au Moyen Âge, les dames offraient une des manches de leur vêtement aux chevaliers qui se battaient pour elles lors de tournois. Ces manches étaient considérés comme des cadeaux. Au XVIIIe siècle, le mot "manche" prend le sens de "don". "Faire la manche" s'applique dès cette époque pour les artistes de rue qui font la quête.

Dans l'expression "pendre la crémaillère"[7], crémaillère vient du vieux français *cramail* qui désignait une tige métallique munie de crans. Elle servait alors à suspendre une marmite dans l'âtre d'une cheminée pour la faire chauffer. Lorsque quelqu'un achetait ou construisait un nouveau logement, le premier repas – souvent festif – était ainsi l'occasion de placer la marmite au-dessus du feu, et donc pour cela de littéralement "pendre la crémaillère".

L'expression "A cœur vaillant rien d'impossible" était la devise de Jacques Cœur, marchand français, négociant et Grand Argentier du royaume de France du 15ème siècle.

La portion congrue[8] est une référence à la dîme que les paysans versaient au clergé sous l'Ancien Régime. Elle était perçue par des membres du haut clergé qui en reversaient aux curés une toute petite partie (environ 10%) appelée "portion congrue", l'adjectif congru étant issu du latin *congrus* qui signifie adéquat même si cette somme était calculée au plus juste par la hiérarchie qui gardait la part la plus importante. Par conséquent, la portion congrue est par la suite devenue synonyme de strict minimum.

Sous la houlette de quelqu'un[9] : la houlette est un bâton permettant au berger de rassembler plus facilement son troupeau. Munie d'une extrémité en fer, la houlette permettait d'attraper et de jeter (*houler* = jeter en ancien français) des mottes de terre ou de pierres pour empêcher les brebis de se disperser.

Dans l'expression "battre sa coulpe"[10], coulpe vient du latin *culpa* ("faute", cf. *mea culpa*). En latin ecclésiastique, *culpa* désigne le péché et le signe par lequel on reconnaît le pécheur. Battre sa coulpe était littéralement l'acte par lequel on reconnaissait sa faute ou son péché en se frappant la poitrine (de là "battre"), tout en répétant *mea culpa*.

L'expression "s'en moquer comme de colin-tampon" signifie ne faire aucun cas de quelque chose/ne pas s'en préoccuper et vient de Colin-Tampon, surnom donné aux tambours des soldats suisses à la fin du XVIe siècle.

L'expression "pleurer des larmes de crocodile"[11] vient d'une légende du XVIe siècle selon laquelle les crocodiles du Nil charmaient leurs proies en gémissant, avant de les manger.

Au XVIIIème siècle, les nouvellistes alimentaient rumeurs et fausses nouvelles en commentant l'actualité politique sous les arbres dits "de Cracovie"[12] (référence à l'expression populaire "craque" pour désigner mensonge et vantardise) dans les jardins publics parisiens.

Être à la bourre[13] : bourre est issu du latin *burra* ("étoffe grossière") et a désigné l'amas de poils qu'on détachait des peaux à tanner. On disait qu'un chien bourrait un lièvre quand il lui arrachait du poil d'un coup de dent en le poursuivant. De là vient se tirer la bourre quand on lutte pour la première place. Et c'est ce sens de courir après sa proie qui aurait donné le sens familier de se dépêcher.

Se faire du mouron[14] : Le mouron est une petite plante sauvage qu'on dit mauvaise. Elle pousse partout, même en ville, et en toute saison. Le mouron produit des touffes denses blanches et a désigné dans l'argot de la fin du XIXe siècle la chevelure et c'est ainsi que se faire du mouron est l'équivalent de se faire des cheveux blancs.

Si on se met sur son 31, ce serait en référence au trentain[15], ancienne sorte de drap de luxe dont la chaîne était composée de 31 fils. Se mettre sur son 31 signifierait donc littéralement "mettre sur soi son trentain" et par extension ses plus beaux habits.

À l'origine de l'expression "avoir un chat dans la gorge"[16], il y a le mot maton qui qualifie depuis la fin du XIe siècle du lait caillé ou réduit en grumeaux. De fil en aiguilles et au fil des siècles, les glaires ont été comparées à ces grumeaux de lait, ce qui a donné avoir un maton dans la gorge puis par déformation un matou et pour finir un chat dans la gorge.

L'expression "coupe sombre"[17] appartient au langage technique de la sylviculture. C'est l'abattage au sein d'un massif forestier de quelques arbres afin de favoriser le semis naturel de nouveaux plants. La coupe est dite sombre parce qu'elle est légère et conserve l'ombre du sous-bois. La coupe claire au contraire est plus sévère puisqu'elle consiste à abattre un assez grand nombre d'arbres pour que la lumière pénètre le massif et favorise le développement des jeunes pousses. Une coupe claire est donc davantage à redouter qu'une coupe sombre mais sans doute avec ses connotations funestes, coupe sombre a fini par désigner une suppression drastique, aux conséquences désastreuses.

L'expression "belle lurette"[18] vient du terme hurette, une déformation de heurette, diminutif du mot heure et signifiant donc petite heure. Le sens littéral "d'il y a belle lurette" est donc Il y a une bonne petite heure, un euphémisme pour exprimer un temps que l'on trouve bien long.

"Comment allez-vous ?"[19] serait un raccourci de "Comment allez-vous à la selle ?" car à la fin du Moyen Âge l'indicateur essentiel de la santé étaient les selles.

CARTES ET TERRITOIRES

Las Vegas doit son nom à la présence d'un certain nombre de zones humides bien que situé dans le désert de Mojave (*vega* signifie prairie en espagnol).

La commune de Levallois-Perret doit son nom à ses fondateurs Nicolas Eugène Levallois, marchand de vin et spéculateur foncier, et Jean-Jacques Perret, créateur des premiers lotissements de la ville en 1822.

Cathay[1] est l'ancien nom donné à la Chine du Nord et fut popularisé en Occident par Marco Polo.

La dune du Pilat vient du gascon *pilot* qui signifie tas, monticule.

L'Alma est un petit fleuve côtier de Crimée qui a donné son nom à la bataille au cours de laquelle les Français et les Anglais battirent les Russes le 20 septembre 1854.

Grâce à ses territoires d'outre-mer, la France est le pays qui compte le plus grand nombre de fuseaux horaires (13, dont 3 pour la seule Polynésie), devant la Russie et les Etats Unis (11).

Il s'écoule en moyenne 12 ans entre le moment où une goutte d'eau arrive dans le lac Léman au niveau de Villeneuve (extrémité Est du lac) et sa sortie au niveau de Genève.

Il y a 10 ans, 9 des 10 villes les plus polluées au monde étaient en Chine; aujourd'hui elles sont en Inde.

Avec 1451 mm de précipitations par an, Biarritz est la ville de France métropolitaine la plus arrosée[2], suivie par Brest (1210 mm) et Besançon (1187 mm).

Cameroun[3] signifie crevette, Tchad = lac, Bénin = terre de vexation, Mali = hippopotame, Bamako = marigot du crocodile, Abidjan = je coupe des feuilles, Soudan = pays des Noirs, Mayotte = île de la mort, Cotonou = lagune de la mort, Doha = grand arbre, Kenya = montagne blanche, Espagne = île aux lapins et que l'Atlantique = océan d'Atlas.

Lille vient de *L'isle* puisqu'au Moyen Âge la ville était cernée par la Deûle et ses marais.

Le nom d'Alcatraz est dérivé de l'espagnol ancien *alcatraces* qui signifie pélican.

En vertu de la convention de Montreux de 1936, la Turquie est la seule à décider du passage des navires à travers le Bosphore. Les États ne bordant pas la mer Noire doivent informer Ankara 15 jours avant le passage de leurs bâtiments militaires. La Russie ainsi que les 5 autres États bordants la mer Noire ont davantage de latitude puisqu'ils sont tenus d'informer les autorités turques 8 jours avant de transiter. En cas de guerre, le passage peut être refusé aux navires militaires mais cette situation de n'est jamais présentée.

Le Rhône doit son nom à des commerçants Grecs originaires de Rhodes qui s'établirent dans la région d'Arles et qui donnèrent au fleuve le nom de leur ville d'origine.

Le nom de la technopole Sophia-Antipolis (*Sophia* = sagesse et *Antipolis* = Antibes en grec ancien) est un clin d'œil de son fondateur Pierre Laffitte à sa femme Sophia.

Paris est devenue la Ville Lumière[4] en 1665 avec la création de l'établissement des lanternes qui a mis en place le premier éclairage public qui visait à réduire l'insécurité nocturne. C'est également à Paris qu'ont eu lieu les premiers essais d'éclairage électrique dans l'espace public en 1844 et où s'est tenue la première exposition internationale d'électricité en 1881.

En l'an 68, Torpes, intendant de Néron qui refusa d'abjurer sa foi chrétienne, fut torturé et tué à Pise par l'empereur. Sa dépouille, accompagnée d'un coq et d'un chien ayant pour seule nourriture le cadavre du défunt, fut jetée à bord d'une barque sur l'Arno. Les chrétiens de l'actuel Saint-Tropez[5] trouvèrent l'embarcation, cachèrent la dépouille du Saint martyr et lui élevèrent une chapelle. Et c'est ainsi que Torpes donna ainsi son nom à Saint-Tropez.

Il y a 12 rues au nom du Maréchal Pétain aux Etats-Unis[6], plus aucune en France.

Le quartier d'affaires de La Défense[7] doit son nom à la statue *"La Défense de Paris"* érigée en 1883 qui rend hommage aux victimes militaires et civiles tombées lors du siège de Paris pendant la guerre franco-prussienne de 1870.

Tous les mois, les représentants de la Slovaquie et de la Slovénie se retrouvent au Parlement européen pour échanger des courriers mal adressés par des gens qui ont confondu les deux pays.

Machu Picchu signifie Vieille Montagne en langue quechua.

Pontoise est la combinaison de pont et de Oise : c'est là que se trouvait le pont franchissant l'Oise sur la voie romaine de Paris à Rouen. Quant à Pontivy, elle doit son nom à un pont jeté sur le Blavet et au moine celte Ivy qui y aurait vécu au VIème siècle.

5 202 communes portent un nom renvoyant à l'univers de la religion catholique[8] ("Saint", "Sainte", "Eglise", "L'Abbaye" etc.) sur un total de 35 000 en France métropolitaine.

Le Cap Horn a été baptisé en l'honneur de la ville de Hoorn, aux Pays-Bas, par le marchand hollandais Jacob Le Maire, accompagné du navigateur Willem Schouten, qui doublent la pointe méridionale de l'Amérique le 31 janvier 1616.

La Tweed est une rivière qui sépare l'Angleterre de l'Ecosse.

Les 4 trigrammes sur le drapeau de la Corée du Sud représentent les 4 éléments (l'eau, l'air, la terre et le feu).

La dernière éruption volcanique survenue en France métropolitaine a eu lieu il y a 6900 ans "seulement", c'était celle du Puy de Montchal dans le Massif Central.

La directive Seveso qui s'applique aux sites industriels présentant des risques d'accidents majeurs, tire son nom de la ville lombarde de Seveso où eut lieu une catastrophe industrielle en 1976.

En 1419 quand des navigateurs portugais y débarquent, ils nomment l'île Madeira qui signifie bois, celle-ci étant à l'époque entièrement recouverte de forêt.

Le mot magenta vient de Magenta, ville de Lombardie où les troupes françaises et italiennes vainquirent les Autrichiens en 1859. Peu après, les Anglais nommèrent ainsi un colorant découvert en 1860, en souvenir de cette bataille sanglante.

Quelques lois improbables[9] ayant cours dans certains pays européens :
• Au Portugal, il est interdit d'uriner dans l'océan
• Aux Pays-Bas, il est illégal d'enfermer un cambrioleur dans vos toilettes car vous lui priveriez ainsi de sa liberté
• Au Danemark, il est obligatoire de vérifier si des enfants se cachent sous votre voiture avant de démarrer
• En Pologne, il est interdit de porter un T-shirt Winnie l'Ourson à proximité des écoles.

Une loi de 1987 interdit aux Monégasques de jouer dans les casinos de la Principauté.

Les couleurs de Paris[10] sont le bleu et le rouge : le bleu pour Sainte Geneviève, sainte patronne de Paris, qui a empêché l'invasion des Huns et contribué à la conversion de Clovis. Le rouge pour Saint Denis, premier évêque de Paris et martyr décapité.

Singapour signifie ville du lion en sanskrit.

"*Liberté, Égalité, Fraternité*" est également la devise d'Haïti.

La devise de l'Etat de Californie est Eurêka.

L'île Seguin de Boulogne-Billancourt doit son nom à Armand Seguin, un chimiste du 19ème siècle qui a découvert la morphine et avait construit une manufacture sur cette île.

À VOS MARQUES

Au cours de la Première Guerre mondiale, Léon Bel, fromager jurassien, était affecté au régiment chargé du transport pour l'armée de terre. Là, les soldats se mettent à dessiner des emblèmes humoristiques sur la carrosserie des véhicules pour identifier les différentes unités et l'emblème de la sienne, le RVF (ravitaillement en viande fraîche), était un bœuf hilare qu'un des soldats surnomma La Wachkyrie en référence à *La Walkyrie*, l'opéra de Wagner cher à l'ennemi allemand. Cette image et ce surnom serviront d'inspiration à Léon Bel au moment de créer sa marque La Vache Qui Rit[1] en 1921.

La marque Chevrolet doit son nom à Louis Chevrolet, champion de courses cyclistes et pilote de course automobile, né en 1878 à La Chaux-de-Fonds en Suisse.

En 1923, le champion de tennis René Lacoste est à Boston pour disputer un match de la Coupe Davis quand il repère une valise en peau de croco dans la vitrine d'un magasin. Son coach lui promet de la lui offrir en cas de victoire. L'histoire arrive aux oreilles d'un journaliste qui écrit après le match, perdu par Lacoste, que celui-ci s'est battu comme un crocodile[2] sur le court.

Le groupe Shell est l'héritier d'une maison de négoce anglaise créée par Sir Marcus Samuel sous le nom de *Shell Transport and Trading Company* en 1897. Celui-ci nomme sa société en hommage à son père qui avait développé à Londres un commerce fondé sur l'importation de coquillages (*shell* en anglais) et de pierres semi-précieuses venus de Chine, d'Inde et du Japon. Le premier logo de Shell est une moule qui sera remplacée en 1904 par une coquille Saint-Jacques.

Lamborghini, qui était à l'origine une société spécialisée dans la construction de tracteurs agricoles, a commercialisé une trottinette électrique[3].

En 1995, Renault a commercialisé une Clio Apple[4] en Espagne. Le véhicule était livré avec un téléphone portable et un PowerBook 190, l'ancêtre du MacBook, et avait 2 logos Apple sur les flancs. Le slogan était *"100 caballos, 500 megas"* ("110 chevaux, 500 Mo") en référence à la taille du disque du PowerBook.

Le jacuzzi[5] a été inventé dans les années 1950 par Roy Jacuzzi, un Américain d'origine italienne, dont l'un des fils souffrait d'une arthrite douloureuse, et était soigné par des séances d'hydrothérapie. Son père a alors mis au point une machine capable de reproduire ces soins à domicile.

Atol, célèbre chaîne d'opticiens, est l'acronyme d'Association des Techniciens en Optique et Lunetterie.

Le nom de l'enseigne Jeff de Bruges est inspiré par la passion de son fondateur pour la chanson *Jef* de Jacques Brel et de la ville de Bruges où sa passion pour le chocolat s'est révélée.

Le publicitaire à l'origine du slogan *"Just Do It"* de Nike[6] dit s'être inspiré d'un tueur en série américain condamné à mort en 1977 et qui aurait lancé juste avant son exécution *"Let's do this !"*.

Bibendum[7] vient d'un vers d'Horace *"Nunc est bibendum"* (c'est maintenant qu'il faut boire), l'invention de Michelin étant présenté à l'origine comme "le pneumatique qui boit l'obstacle".

Disneyland Paris, qui s'appelait Euro Disney lors de son ouverture en 1992, a failli ne pas être construit à Marne La Vallée mais dans la région de Barcelone.

Auchan a pour origine le quartier des Hauts-Champs à Roubaix où le premier supermarché a ouvert ses portes en 1961.

La Fête des Pères[8], invention américaine, a été introduite en France en 1950 par le fabricant de briquets Flaminaire - marque aujourd'hui disparue - qui y a vu un moyen de stimuler ses ventes et en particulier durant le mois de juin, période commercialement creuse. À la suite du succès rencontré, la fête des pères sera officialisée par décret deux ans plus tard.

Le nom de Watson, l'intelligence artificielle développée par IBM, est un hommage au fondateur d'IBM Thomas J. Watson.

La rustine a été inventée par Louis Rustin qui avait ouvert à Clichy un atelier de réparation de pneumatiques. Il déposa en 1921 sa marque pour une petite rondelle en caoutchouc qui obture les fuites d'air.

SCIENCE ET MAUX COMMUNS

Aimer les films un peu honteux, ceux de série B voire même Z, serait le signe d'une grande intelligence[1].

Les Français ont pris en moyenne deux kilos et demi lors du premier confinement.

La grippe espagnole fut appelée dans un premier temps "le rhume du sumo" car les premières victimes nippones connues furent des lutteurs de sumo en tournée en 1918 à Taïwan.

Le mot choléra[2] vient du grec ancien *kholê* qui signifie bile et est donc littéralement la maladie qui vient de la bile.

Le syndrome du paillasson[3] est la façon scientifique de nommer cette envie soudaine d'aller aux toilettes ressentie lorsque nous arrivons à la maison.

Le nom malaria, autre nom du paludisme, dérive de l'italien *mal'aria*, mauvais air.

En apesanteur, il est impossible de roter.

Si tout devient silencieux quand il neige, c'est parce que le volume d'une couche de neige fraîchement tombée est constitué jusqu'à 90% d'air. Or dans les cavités d'air, le son se perd comme dans un labyrinthe.

Les cornets sont trois excroissances osseuses recouvertes de muqueuses situées à trois endroits de la fosse nasale. D'où l'expression "s'en jeter un dans le cornet".

C'est à 451 degrés Fahrenheit[4] que le papier s'enflamme et se consume.

Au XIXè, les crétins des Alpes[5] étaient des individus carencés en iode, ce qui entraînait des dysfonctionnements thyroïdiens se manifestant par une série d'infirmités physiques et mentales, dont des goitres.

DES RACINES ET DES MOTS

A l'origine du mot fiasco[1], il y a un acteur de la *Commedia dell'arte* qui aurait fait un bide alors qu'il interprétait un alcoolique brandissant une bouteille (une fiasque, *fiasco* en italien). De ce monologue censé faire rire mais qui a laissé les spectateurs indifférents serait né l'expression italienne "*fare fiasco*", faire un fiasco en français.

Le mot Lucifer signifie porteur de lumière en latin.

Le mot surf provient du sanskrit *suffe* qui signifie "la ligne entre la mer et la terre".

Dulcinée est le nom de la femme dont est amoureux Don Quichotte dans le roman de Cervantès.

Le mot pétanque vient de l'occitan provençal *pè* (pied) et *tanca* (pieu) et désigne donc les pieds fixes/immobiles.

Le mot pommade vient de l'italien *pomata* ("onguent aux pommes"). Il désigne une composition molle et grasse, parfumée et utilisée pour les soins de la peau et des cheveux, originairement faite à partir de pulpe de pomme.

Tungstène signifie pierre lourde en suédois (*tung* = lourd et *sten* = pierre).

Lavabo signifie "je laverai" en latin et est issue du Psaume 26, 6 : "*lavabo inter innocentes manus meas*" ("je laverai mes mains au milieu des innocents") que prononce le prêtre en se lavant les mains après l'offertoire au cours de la messe romaine

L'interjection "*peuchère!*" devenue un stéréotype de la Provence exprime en réalité la compassion, la pitié, une forme de tristesse solidaire de la situation difficile que peut vivre autrui. Le mot est une forme francisée du provençal *pechaire* qui signifie à l'origine pécheur/pécheresse.

Le mot panique[2] vient du dieu grec Pan réputé pour provoquer la frayeur avec ses apparitions subites. À l'origine, c'était uniquement un adjectif (une peur panique = la peur de Pan) avant de se contracter en nom (la panique).

Angora est la francisation du nom de Ankyra, aujourd'hui Ankara.

Le Brent, dit "brut de mer du Nord", est le baril de référence en Europe. Son nom provient d'un acronyme des principales plateformes pétrolières de mer du Nord : Broom, Rannock, Etive, Ness et Tarbert.

Le terme Belzébuth signifie littéralement "le seigneur des mouches".

Le mot Pentecôte[3] vient du grec ancien qui signifie "cinquantième jour" puisque cette fête chrétienne a lieu 50 jours après Pâques.

La lavallière[4], cette large cravate proche du nœud papillon, était à l'origine un foulard de femme et doit son nom à la duchesse de La Vallière, l'une des favorites de Louis XIV.

Si la pierre turquoise[5] s'appelle ainsi c'est qu'une fois extraite dans des mines en Perse, elle transitait ensuite par la Turquie.

Dracula signifie "fils du dragon" en roumain médiéval.

Les tongs viennent du mot *thong* qui signifie lanière en anglais, en référence à leur bride en v. Quant au bob, il vient du surnom *Bobs* donné aux GI lors du Débarquement.

Le mot nigaud vient d'une abréviation de Nigodème, prononciation populaire de Nicodème, pharisien qui, selon la Bible, posa des questions naïves à Jésus Christ.

Le mot loustic vient de l'allemand *lustig* (drôle, amusant, content, joyeux) et désignait un bouffon attaché à un régiment suisse au service de la France avant la Révolution. Peut-être n'est-ce pas un hasard si l'escroc qui avait réussi en 1925 à vendre la tour Eiffel à un ferrailleur parisien crédule s'appelait Victor Lustig[6].

La version la plus acceptée de l'origine du mot gringo est qu'il viendrait de *griego* (grec en espagnol) et désignait au 18ème siècle en Espagne et au Portugal les étrangers (notamment anglophones) qui avaient souvent un très fort accent qui les empêchait de se faire comprendre (cf. l'expression *"It's all Greek to me"*)

Dame Gigogne était un personnage des pièces bouffonnes du théâtre forain en faveur en France aux XVIIe et XVIIIe siècles. C'était une mère de famille nombreuse représentée avec des enfants sortant de ses jupes et elle symbolisait la fécondité intarissable. Son nom a ensuite été utilisé par analogie pour désigner des choses qui se composent de plusieurs éléments de forme analogue et de taille décroissante pouvant s'emboîter les uns dans les autres.

Le mot égérie[7] vient de la nymphe Égéria qui conseillait régulièrement le roi Numa Pompilius, deuxième roi mythique de Rome.

Un bureau désignait à l'origine un meuble recouvert de bure sur lequel on travaillait.

Le mot protéiforme vient de Protée, dieu grec marin fils de Poséidon, qui pouvait changer de forme.

La pêche a pour origine le latin *persica*, "fruit de Perse", en référence à son origine géographique.

GRANDS NOMS, PETITS SECRETS

L'effet Larsen[1], ce phénomène acoustique désagréable et souvent involontaire, a été décrit par le physicien danois Søren Larsen.

Le sac de couchage[2] a été inventé par le romancier Robert Louis Stevenson dans le cadre de sa célèbre randonnée avec un âne dans les Cévennes.

Martin Bouygues et Vincent Bolloré étaient dans la même classe en CM1.

Par tradition, le Roi d'Angleterre ne vote jamais.

Maria Raspoutine (fille de) s'exila aux Etats-Unis et y exerça successivement la profession de danseuse de cabaret, de dresseuse de lion dans un cirque avant de travailler dans diverses usines d'armement.

C'est Charles Darwin qui a inventé dans les années 1840 le fauteuil de bureau[3] en ajoutant des roulettes sous un fauteuil de style William IV afin de pouvoir se mouvoir plus facilement dans son vaste bureau.

L'acteur de télévision Yves Marchesseau dit La Boule de Fort Boyard, était vendeur de boules de pétanque chez Obut avant de devenir acteur, d'où son surnom.

Downing Street[4] doit son nom à George Downing, soldat et diplomate anglais du XVIIe siècle. Pour services rendus à la royauté, il reçut une parcelle de terre près de *St. James's Park* où il fit construire une rangée de maisons dans les années 1680.

C'est parce qu'un journal publia par erreur sa nécrologie en titrant "Le marchand de la mort est mort" qu'Alfred Nobel - inventeur de la dynamite - voulu laisser à la postérité une meilleure image de lui. C'est ainsi que dans son testament il légua une grande partie de sa fortune à la création d'un prix récompensant "ceux qui ont rendu les plus éminents services à l'humanité".

Le rôle de Monsieur Loyal[5] au cirque fait référence à Anselme-Pierre Loyal qui a fondé en 1812 le cirque Blondin-Loyal. Et c'est son petit-fils Léopold Loyal (1835-1889) qui a imposé le personnage et sa tenue traditionnelle : veste queue-de-pie rouge, nœud papillon, gants blancs, culotte bouffante, chapeau claque et bottes de cheval noires.

Le nom du bégonia, plante originaire des Antilles, a été choisi en hommage à Michel Bégon qui fut gouverneur de Saint-Domingue au XVIIe siècle.

Le mot mansarde qui désigne une pièce aménagée dans un comble, vient de François Mansart, célèbre architecte du 17ème siècle.

Le calepin[6] tient son nom d'Ambrogio Calepino, savant et religieux italien qui a publié en 1502 un dictionnaire qui connut un grand succès en Europe.

Le concept de Madame Michu a été inventé dans les années 1960 par le publicitaire suisse Claude Marti qui cherchait un personnage pour incarner le bon sens populaire.

C'est Jean-Marc Ayrault, alors jeune maire de Saint-Herblain, qui a fait construire le premier rond-point en France en 1984 après en avoir vu lors d'un voyage en Angleterre. Il devient par la suite maire de Nantes qui est désormais capitale française du carrefour giratoire (1100 dans l'agglomération).

Jean-Michel Boucheron, alors député-maire d'Angoulême, a été nommé par erreur secrétaire d'Etat dans le gouvernement de Michel Rocard en 1988 à la place d'un autre Jean-Michel Boucheron, député d'Ille-et-Vilaine. Grand prince, l'édile de Charente aurait par la suite offert ses affiches de compagne au député rennais après s'être retiré de la vie politique suite à de gros ennuis avec la justice.

CLICS ET DÉCLICS

D'après Google, le mot clé le plus recherché sur Bing serait …. Google[1].

En disant *"Lumos Maxima"* à Siri, un sort tiré de la saga Harry Potter, la lampe torche de l'iPhone s'allume[2].

95% du contenu diffusé sur Twitch[3] attire 5 spectateurs ou moins.

9% des clients des pays développés achètent des vêtements en premier lieu pour les montrer sur les réseaux sociaux.

Minitel signifie Médium Interactif par numérisation d'information téléphonique.

En 1988, Jean-Luc Mélenchon, alors jeune sénateur PS, a lancé *36 15 Tonton* dans le cadre de l'élection présidentielle[4].

Le QR Code est né au Japon en 1994 où il a d'abord servi à aider un sous-traitant de Toyota à simplifier le traçage de ses pièces détachées dans les usines de son client.

Le livre le plus commandé sur amazon.com en 1995, l'année de sa naissance, était *"How to set up and maintain a World Wide Web Site"* de Lincoln Stein.

Le mot spam a fit son apparition en 1937 et était la contraction de *spiced ham*, une préparation à base d'épaule de porc et de jambon haché à destination notamment des soldats américains. Le premier spam électronique sera lui envoyé en 1978 par un employé de la *Digital Equipment Corporation* qui a envoyé un message à 600 personnes en même temps, soit la quasi-totalité des utilisateurs d'Arpanet de l'époque.

Les Français parcourent en moyenne 141 mètres par jour[5] en scrollant sur leur smartphone. Les champions européens sont les Italiens et leurs 263 mètres quotidiens.

Le Bitcoin est devenu l'une des deux monnaies officielles du Salvador aux côtés du dollar.

Le *PowerPoint Karaoke*[6] est une activité d'improvisation dans laquelle un participant doit donner une présentation sur un diaporama qu'il n'a jamais vu avant.

Le terme mème apparaît pour la première fois en 1976 dans un essai de Richard Dawkins. Il s'agit d'un mot-valise né de la fusion du grec *mimesis* (imitation) et de gène. Il s'agissait alors de désigner une théorie inspirée du darwinisme et qui reposait sur l'hypothèse du rôle central que joue l'imitation dans la transmission culturelle. Un mème serait donc un phénomène culturel capable de se reproduire et de se transmettre, tel un gène.

VA Y AVOIR DU SPORT

On fait venir chaque année lors du tournoi de Roland-Garros trois buses chaperonnées par un fauconnier pour effaroucher pigeons, corbeaux et autres pies et éviter que ces derniers ne gênent les sportifs et spectateurs.

L'expression "être la lanterne rouge"[1] a été popularisée par le Tour de France dès sa création en 1903, faisant en cela écho à la lumière rouge portée par le dernier véhicule d'un convoi ferroviaire. Le dernier du classement général de la Grande Boucle disputait la dernière étape avec une lanterne rouge à la main et réalisait un tour d'honneur à son arrivée à Paris.

19% des Français et une femme sur quatre déclarent pratiquer le yoga[2] au moins occasionnellement.

La compétition moto du Bol d'Or tire son nom d'une compétition française de cyclisme sur piste d'endurance sur 24 heures, créée en 1894 par le journal *Paris-Pédale*. La récompense remise au vainqueur était un bol en bronze, offert par les Chocolats Menier.

Aux JO, Les médaillés d'argent, qui ont tendance à se comparer aux médaillés d'or, sont souvent plus malheureux que les médaillés de bronze, qui se comparent à ceux qui n'ont pas eu de médaille.

Le mot varappe vient de deux couloirs d'escalade (la Grande Varappe et la Petite Varappe) se trouvant sur le flanc du Mont Salève qui domine Genève.

Le Frisbee[3] fut inventé en 1925 par des étudiants américains qui s'amusaient à jeter et rattraper des moules à tartes vides provenant d'une boulangerie locale, la *Frisbie Pie Company*.

Il existe un championnat du monde de lutte d'orteils en Angleterre depuis 1976.

BOUQUET FINAL

Le wombat est un petit marsupial australien dont la particularité est d'être le seul animal à faire des crottes cubiques.

Un concours de beauté réservé aux survivantes de la Shoah est organisé depuis 2012 en Israël[1].

Un grolar est le résultat du croisement entre un grizzly et un ours polaire.

10% des arbres abattus dans le monde serviraient à produire exclusivement du papier toilette.

Il existe une élection de *Mister Ugly*[2] au Zimbabwe dont l'édition 2015 a été marquée par une polémique lorsque le premier dauphin a estimé que le vainqueur était plus joli que lui quand il fermait la bouche pour dissimuler une dentition assez particulière.

Aux Etats-Unis certains ultra-riches[3] sollicitent les services de conseillers carcéraux pour les aider à choisir les meilleurs établissements pénitentiaires en cas de condamnation pour mauvais agissements financiers.

L'avertissement que donne un policier US lorsqu'il arrête quelqu'un ("Vous avez le droit de garder le silence" etc.) s'appelle l'avertissement Miranda[4] du nom d'une décision de justice datant de 1966.

Par mesure de sécurité, Air Force One est le seul avion présidentiel au monde à refuser le kérosène des aéroports locaux. Un avion-cargo vient un jour ou deux en avance avec à son bord des camions-citernes chargés de carburant spécial.

Même s'il existe de nombreuses exceptions, pour la majorité des compagnies aériennes les vols en direction de l'Est et du Nord portent des numéros impairs et ceux qui vont vers l'Ouest et le Sud des numéros pairs[5]. On aura donc un vol AF10 pour Paris-New York sur Air France et AF11 pour le retour sur la même compagnie. Sur le plancher des vaches, les trains aux numéros impairs s'éloignent de Paris et ceux aux numéros pairs s'en rapprochent.

Le petit du hérisson se nomme le choupisson.

L'hippopotame est le seul animal au monde à produire du lait rose.

Certaines entreprises américaines offrent des *pawternity leaves*[6] (un congé "patte-ternité" ou "miaou-ternité") pour permettre à leurs employés de s'occuper de leurs nouveaux animaux de compagnie.

Au début du XXème, environ 80% du patrimoine des Français provenait de l'héritage comparé aux 20% constitués par l'épargne, constitué principalement avec les revenus du travail. A partir du lendemain de la Première Guerre mondiale le poids de l'héritage a commencé à diminuer jusqu'à atteindre 35% du patrimoine dans les années 1970 où le mouvement est ensuite reparti dans l'autre sens jusqu'à remonter à 60% aujourd'hui.

Au Japon, on vend plus de couches pour adultes que pour bébés.

L'effet cocktail party[7] : quand nous discutons avec plusieurs personnes dans une soirée, nous avons l'impression que nous ne percevons pas les autres conversations autour de nous. Cependant, dans ce brouhaha certaines infos émergent et attirent irrésistiblement notre attention, par exemple quand notre prénom est prononcé, lorsqu'un conflit éclate ou si le mot sexe est prononcé.

Le ruban ou la boucle de Möbius est le nom du symbole triangulaire vert qui indique qu'un produit est recyclable ou qu'il a été fabriqué à partir de matériaux recyclés.

Un phylactère désigne la bulle permettant de placer le texte d'un dialogue ou d'un monologue dans une bande dessinée.

Une marie-salope est un chaland destiné à recevoir les vases et sables extraits par dragage.

L'imprimeur de l'édition de 1740 du dictionnaire de l'Académie française n'ayant pas fait fondre assez de caractères de plomb "è" avec l'accent grave, le mot "évènement" a dû être écrit "événement". L'erreur n'a pas été corrigée dans l'édition suivante et c'est ainsi que les dictionnaires ont continué de prescrire "événement" jusqu'à la réforme de 1990 qui a admis les deux orthographes.

Le sabir, avant de signifier une langue difficilement compréhensible, charabia ou jargon, était un idiome qui fut parlé entre les XVIe et XIXe siècles dans les ports de la Méditerranée. Grammaticalement rudimentaire, il était d'une grande richesse lexicale car composé d'un peu d'espagnol, d'occitan, de portugais, d'italien, d'arabe et de turc. Il servait à la communication entre les marins et les marchands et vient du mot "savoir"

À PROPOS DE L'AUTEUR

Christophe Cudennec est un professionnel du marketing digital installé en Suisse romande, dans le canton de Vaud.

C'est en 2021 qu'il décide de conjuguer sa passion pour la culture générale et son expertise du digital en créant OnlyFacts. Ce qui commence comme un simple blog devient rapidement une newsletter[1] à succès, rassemblant une communauté toujours plus large d'esprits curieux.

De cette belle aventure est né "365 pépites de culture générale", son premier ouvrage qui rassemble le meilleur d'OnlyFacts.

---

[1] Abonnement gratuit à la newsletter hebdomadaire sur www.onlyfacts.club

NOTES

Sous les expressions, l'Histoire
1. Catherine Mallaval, "*Pourquoi dit-on que l'argent n'a pas d'odeur*", Libération, 22 août 2017
2. Adrian Dambrine, "*Tête de turc : définition & origine*", LaCultureGenerale.com, 14 juillet 2021
3. "*Connaissez-vous ces expressions d'hier?*", Le Figaro, 29 août 2017
4. "*Pourquoi dit-on mettre la pâtée?*", Le Journal des Bonnes Nouvelles, 31 janvier 2019
5. "*D'où vient l'expression une auberge espagnole?*", Auria.fr, 11 octobre 2017
6. "*D'où vient l'expression A la queue leu leu ?*", Cnews.fr, 29 septembre 2016
7. Alain Rey, *150 drôles d'expressions que l'on utilise tous les jours sans vraiment les connaître*, Editions Le Robert, 2020
8. Alain Rey, *op. cit.*
9. Alain Rey, *op. cit.*
10. Claire Conruyt, "*Cinq expressions que, franchement, nous n'avons jamais vraiment comprises*", Le Figaro, 6 octobre 2019
11. Fanny Vittecoq, L'actualité langagière, volume 9, numéro 4, 2012
12. Alain Rey, *op. cit.*
13. Marie-Hélène Drivaud, "*La ribouldingue du samedi soir*", Blog Dis-moi Robert, 12 février 2021
14. "*D'où vient l'expression branle-bas de combat ?*", Ça m'intéresse, 18 septembre 2024
15. Alain Rey, *op. cit.*
16. "*Pourquoi dit-on…passer une nuit blanche?*", Cnews.fr, 24 juin 2013
17. Elise Descamps, "*Ça tombe comme à Gravelotte*", La Croix, 27 août 2013

Drôle d'époque
1. Jean-Laurent Cassely et Jérôme Fourquet, *La France sous nos yeux*, Editions du Seuil, 2021
2. Jean-Laurent Cassely et Jérôme Fourquet, *op. cit.*
3. "*Les 10 métiers les plus dangereux… pour votre couple*", Terra Femina, 16 février 2014
4. Baptiste Coulmont, "*Le prénom des gens : Kevin*", Le Monde, 1er février 2021
5. Jean-Laurent Cassely et Jérôme Fourquet, *op. cit.*
6. Jean-Marc Vittori, "*Cette France qui compte plus de cadres que d'ouvriers*", Les Echos, 23 mars 2021
7. Pablo Maillé, "*1 jeune sur 3 considère que vivre dans notre époque est une malchance*", Usbek & Rica, 20 septembre 2021

8. Emmanuel Charonnat, "*L'engouement pour les parasciences augmente en France*", CB Expert, 2 décembre 2020
9. "*Les filles gagnent moins que les garçons, dès l'argent de poche*", Ouest-France, 3 juin 2016
10. Jean-Laurent Cassely et Jérôme Fourquet, *op. cit.*
11. Jean-Laurent Cassely et Jérôme Fourquet, *op. cit.*
12. Philippe Duport, "*L'accès aux toilettes au travail est un problème pour une majorité de salariés, selon une étude*", France Info, 19 mai 2022

Quand les mots voyagent
1. https://tinyurl.com/3kz7sab2
2. Le Dico des mots extraordinaires, Bulletin.fr, 14 mars 2022

Inattendus d'antan
1. "*Les petits métiers de la débrouille dans le Paris d'antan*", Savoirs d'Histoire, 23 avril 2016
2. Xavier Le Normand, "*Pourquoi le pape est-il habillé en blanc*", Aleteia.org, 16 juillet 2019
3. Wikipedia
4. Alban Dignat, "*Henri IV, le Vert-Galant, une réputation usurpée?*", Herodote.net, 11 décembre 2019
5. Laurent Tessier, "*Comment faire pour avoir le Président de la République comme parrain?*", RTL, 21 avril 2022
6. Wikipedia
7. "*Quelle est l'origine des boules de Noël?*", Cnews.fr, 17 décembre 2015
8. Nicolas Lafarge-Debeaupuis, "*Avoir les dents du bonheur : définition et origine de l'expression*", LaLangueFrancaise.com, 15 décembre 2022
9. Antoine Mouly, "*Connaissez-vous la flûte de la honte?*", Radio Classique, 16 août 2021
10. Marc Fourny, "*Comment la Grande Guerre sauva la Tour Eiffel de la destruction*", Le Point, 10 novembre 2018
11. "*Comment Napoléon a conquis (et perdu) l'Europe*", Le Monde, 2 mai 2021
12. "*La douche, cette invention mondiale, qui vient de Rouen*", 76 Actu, 3 janvier 2016
13. "*D'où vient le mot chino?*", LeFrancais.eu

Un mot peut en cacher un autre
1. Sandrine Campese, "*La grammaire, c'est glamour*", Projet-Voltaire.fr
2. ParisZigZag.fr, "*L'étonnante origine du mot gadget*"
3. Dr Orodru, "*Scroller*", Blog Dis-moi Robert, 11 février 2021
4. Armel Marin, "*Turlupin*", Universalis.fr

5. "*Scrupule, calcul et gravelle*", Academie-francaise.fr, 2 mars 2017
6. Wikipedia
7. "*Vieux schnok*", Le Parisien, 22 juillet 2014

À boire et à manger
1. François Desnoyers, "*A l'origine des viennoiseries*", LesCereales.fr, 20 février 2019
2. Bruno Parmentier, "*Lait d'amande, le revers de la médaille d'un aliment bien trop à la mode*", StripFood.fr, 28 février 2022
3. Florence Humbert, "*Des olives vertes teintes en noir*", Que Choisir, 16 juillet 2019
4. "*D'où vient le Petit-Suisse?*", Ca m'intéresse, 19 janvier 2018
5. Adrien Giacchero, "*Ici Londres : les Anglais plus grands buveurs de thé au monde?*", StripFood.fr, 27 mars 2021
6. Wikipedia
7. Thomas Snégaroff, "*Une rumeur qui se diffuse dans un contexte de haine et de peur*", France Info, 2 août 2019
8. Soumiya Hacini et Fabien Renou, "*Pepsi, le remède du pharmacien Caleb Bradham*", JournalDuNet.com, 9 mai 2011
9. Wikipedia
10. "*Pourquoi un bon cuisinier est-il appelé un cordon bleu?*", Cnews.fr, 27 mai 2019

En avant la musique
1. Wikipedia
2. "*Chaque jour, 120.000 nouveaux morceaux arrivent sur les services de streaming*", La Dépêche, 25 mai 2023
3. Jean Delterme, "*Bloody Sunday : de John Lennon à U2, l'hommage des artistes*", Le Figaro, 30 janvier 2022
4. Corinne Calmet, "*Johnny Hallyday : le chanteur avait été censuré au Birkina Faso à cause de son tube Noir c'est noir*", Télé Loisirs, 14 septembre 2021

Pop culture
1. Wikipedia
2. Marie Régnier et Xavier Allain, "*La cigarette présente dans 90% des films français : faut-il interdire le tabac au cinéma?*", RMC, 26 mai 2021
3. Ava Mergy, "*L'histoire secrète du créateur de Tetris*", Le Point, 6 juin 2016
4. Wikipedia
5. Jean-Laurent Cassely et Jérôme Fourquet, *op. cit.*
6. Wikipedia
7. Jean-Laurent Cassely et Jérôme Fourquet, *op. cit.*

8. Clément Solym, "*Mark Twain, de l'honteux usage de la machine à écrire*", Actualitte.com, 20 novembre 2018
9. Célésia Barry, "*D'où viennent les noms des personnages de jeux vidéo?*", Slate.fr, 18 janvier 2013

Passez-moi l'expression
1. Adrian Dambrine, "*Avoir du bol : définition, exemples & origine*", LaCultureGenerale.com, 13 mai 2021
2. Stéphane Bern, "*D'où vient l'expression rire jaune?*", Europe 1, 31 mai 2021
3. Alain Rey, *op. cit.*
4. Marion Police, "*Être au bout du rouleau*", Le Temps, 4 janvier 2021
5. Alain Rey, *op. cit.*
6. "*Taper la manche*", Notre Temps, 10 novembre 2020
7. "*D'où vient l'expression pendre la crémaillère?*", Cnews.fr, 25 septembre 2019
8. Wikipedia
9. Alain Rey, *op. cit.*
10. Adrian Dambrine, "*Battre sa coulpe : définition & origine*", LaCultureGenerale.com, 3 juin 2021
11. "*Des larmes de crocodile*", France Culture, 13 janvier 2021
12. Wikipedia
13. Alain Rey, *op. cit.*
14. Alain Rey, *op. cit.*
15. Alice Develey, "*Nouvel an : pourquoi vous mettez-vous sur votre 31?*", Le Figaro, 30 décembre 2017
16. "*Pourquoi a-t-on un chat dans la gorge?*", Le Figaro, 8 août 2018
17. Alain Rey, *op. cit.*
18. Claire Conruyt, "*Cinq expressions que, franchement, nous n'avons jamais vraiment comprises*", Le Figaro, 6 octobre 2019
19. "*Comment allez-vous?*", Culture-Generale.fr

Cartes et territoires
1. Wikipedia
2. Julie Tezkratt, "*Voici les 20 villes de France où il pleut le plus*", GQ, 8 mars 2022
3. https://tinyurl.com/25p78tj8
4. "*Pourquoi appelle-t-on Paris la Ville Lumière?*", France Inter, 11 mars 2019
5. "*Histoire de Saint-Tropez : du petit port varois à la jet-set*", Belambra.fr, 1er janvier 2013
6. Compte Instagram @lessavoirsinutiles, 10 février 2021
7. "*Mais au fait pourquoi le quartier de La Défense s'appelle-t-il comme ça?*", Defense-92.fr, 24 août 2020
8. Jean-Laurent Cassely et Jérôme Fourquet, *op. cit.*

9. EuropeIsNotDead.com,
10. UnJourDePlusAParis.com

À vos marques
1. "*Un peu d'histoire*", LaVacheQuiRit.ca
2. Gilles Festor, "*Roland-Garros : pourquoi Lacoste utilise un crocodile comme logo*", Le Figaro, 30 mai 2019
3. Arthur Vera, "*Lamborghini présente sa trottinette électrique AL1 à moins de 500€*", Presse-Citron.net, 26 février 2021
4. Didier Pulicani, "*Il y a bien eu une Renault Clio Apple, livrée avec un Powerbook!*", Mac4ever.com, 1er mai 2019
5. "*Pourquoi le jacuzzi s'appelle-t-il ainsi?*", Cnews.fr, 8 juin 2017
6. "*Ce qui se cache derrière le célèbre slogan de Nike*", 20min.ch, 19 mars 2015
7. Virginie Malingre, "*Les mille et une vies de Bibendum*", Le Monde, 24 mai 1998
8. "*Comment a été créée la fête des pères : un marchand de briquets à l'origine*", Actu.fr, 17 juin 2018

Science et maux communs
1. Magali Bertin, "*Aimer les films un peu honteux serait le signe d'une grande intelligence*", GQ, 6 avril 2021
2. Wikipedia
3. Marie Bouisseren, "*Syndrome du paillasson : et si l'envie pressante d'aller aux toilettes en rentrant chez soi portait un nom*", TF1, 18 avril 2024
4. Wikipedia
5. "*Qui étaient les crétins des Alpes?*", France Culture, 28 décembre 2021

Des racines et des mots
1. "*Pourquoi un échec est-il parfois appelé un fiasco?*", Cnews.fr, 28 mai 2018
2. Wikipedia
3. Wikipedia
4. Wikipedia
5. Wikipedia
6. Cyrielle Didier, "*L'escroc qui a vendu la tour Eiffel*", ParisZigZag.fr,
7. Wikipedia

Grands noms, petits secrets
1. Wikipedia
2. "*Les Cévennes, sur les traces de R. L. Stevenson*", ChroniquesDenHaut.com, 25 mai 2013

3. Swali Guillemant, "*Charles Darwin, le scientifique qui inventa la première chaise de bureau*", Cultea.fr, 6 août 2021
4. Wikipedia
5. "*Pourquoi y a-t-il un Monsieur Loyal au cirque?*", Cnews.fr, 23 mars 2015
6. Wikipedia

Clics et déclics
1. "*Google is most searched word on Bing, Google says*", BBC, 30 septembre 2021
2. Romain Cheyron, "*Grâce à votre iPhone vous pouvez jeter des sorts commes les sorciers de la saga*", Seriously.com, 1er février 2022
3. Clémence Duneau, "*Dans les recoins de Twitch, le monde touchant des streamers sans spectateur*", Le Monde, 16 février 2021
4. "*36 15 Tonton : le minitel rose de Mélenchon*", ViveLePC.fr, 7 mars 2013
5. Tess Annest, "*Nous parcourons en moyenne 141 mètres par jour en scrollant sur notre smartphone*", GQ, 26 mai 2021
6. Wikipedia

Va y avoir du sport
1. Maxime Joly, "*Pourquoi appelle-t-on le dernier de Ligue 1 la lanterne rouge?*", Le Figaro, 16 janvier 2015
2. Jean-Laurent Cassely et Jérôme Fourquet, op. cit.
3. "*L'inventeur du Frisbee est mort*", Le Monde, 12 février 2010

Bouquet final
1. "*En Israël, l'élection controversée de Miss rescapée de la Shoah a eu lieu mardi*", Le JDD, 17 novembre 2021
2. Nash Jenkins, "*The Winner of Zimbabwe's Mister Ugly Contest Has Been Deemed 'Too Handsome' by an Angry Crowd*", Time Magazine, 22 novembre 2015
3. Lucas Minisni, "*Jesse Armstrong, le père sans concession de la série « Succession »*", M Le Mag, 18 décembre 2021
4. Wikipedia
5. Margaux Leridon, "*Que signifie votre numéro de vol?*", Slate.fr, 28 juillet 2013
6. Chris Brennan, "*Pawternity leave: pros, cons and 5 questions to ask*", Insperity.com,
7. Marc Olano, "*L'effet cocktail party*", Sciences Humaines, décembre 2017
8. "*Le papier toilette tue 27.000 arbres chaque jour*", MaxiSciences.com, 25 avril 2010

Vous avez apprécié ces 365 pépites?

Recevez chaque semaine de nouvelles anecdotes de culture générale en vous abonnant gratuitement à la newsletter OnlyFacts.

www.onlyfacts.club